Für Marlene Treyer und
Margarete Diederich

 – ISBN 3-275-01041-7. – 1/6-92. – Printed in Germany.

Kathrin Rüegg's

Guetzlibäckerei

mit farbigen Bildern von Marco Garbani Nerini

Müller Rüschlikon Verlags AG
Cham · Stuttgart · Wien

Liter/Litre
1500 ccm

Inhaltsverzeichnis

Die Guetzli-Philosophie

Was ist das denn eigentlich: ein Guetzli?
Zweifellos etwas Gutes. Das Wort «gut» steckt ja drin, das im Schweizerdeutschen zu «guet» wird. In gewissen Schweizer Dialekten sagt man nicht «Guetzli» sondern «Gutzi» oder «Gueteli». Unsere nördlichen Nachbarn kennen sie alle, unsere Verkleinerungsform «li». Sie würden sonst unseren schönen, harten Franken nicht so gönnerhaft zum «Fränkli» herabmindern ...
Aber ich wollte ja über das Guetzli philosophieren.
Etwas Gutes, Kleines ist also unser Guetzli. Ein Häppchen also?
Aber Häppchen sind meist auf Zahnstocher aufgespießt. Ein Guetzli dagegen nimmt man mit den Fingern vom Teller.
Eines haben Guetzli und Häppchen gemeinsam: Ich biete sie meinen Gästen auf einem Teller – möglichst auf einem hübsch arrangierten Teller an. Auge ißt beim Guetzli mit!
Guetzli kann ich aber auch verschenken: als Dank für eine Einladung, als Aufmunterung an einem Krankenbett (sofern der Patient Normalkost essen darf), als Belohnung, zum Geburtstag, oder einfach, um jemandem zu zeigen, daß ich ihn gern mag. Wichtig ist mir dabei, daß man meinen Guetzli-Werken ansieht, daß ich sie selbst gemacht habe und daß sie keinesfalls das Werk eines Konditors sind. Wenn mir ein Kind mit strahlenden Augen ein selbstgebackenes Guetzli schenkt, ein bißchen verbogen und zerdrückt zwar, dann sehe ich darin die Zeichen seines Eifers und seiner Hingabe an eine Arbeit, an die es sich zeit seines Lebens gerne erinnern wird.
Wenn ich so in einem Supermarkt meinen Einkaufswagen an den Regalen vorbeischiebe, die überquellen mit Dutzenden von verschiedenen Süßigkeiten, Schokoladen, Biskuits, Konfekt, Stangen und Stengelchen, Fladen, Kugeln und Kügelchen, Plätzchen, dann könnte ich mich wirklich fragen, weshalb ich denn meine Guetzli noch selbst backe.
Würde ich es nicht tun, hätte ich doch mehr Zeit für anderes. Und wenn ich meinen Zeitaufwand berechne, dann kämen wohl die gekauften Süßigkeiten oft billiger ...
Aber um wieviel Vergnügen würde ich mich dabei bringen!
Das Vergnügen, einen Teig zu rühren, zu kneten, das Vergnügen, den Teig zu formen, immer wieder neue Varianten zu ersinnen, das Vergnügen, mein ganzes Haus nach einem feinen Backwerk, nach Butter, Honig,

Gewürzen duften zu lassen. Und nicht zuletzt das Wissen, was genau meine Backwerke enthalten und was bestimmt nicht darin enthalten ist. Schließlich kommen noch die Erinnerungen dazu. Düfte vermögen es, bei mir Erinnerungen zu wecken. Wenn es nach Koriander, Kardamom, Muskat, Piment, Zimt und Zitrone riecht, dann bin ich auch wieder das Kind, das auf dem Küchenschemel kniet und mit Feuereifer Weihnachtsguetzli aussticht. Dann tauchen die Gestalten längst verstorbener Menschen auf: meine Mutter, unsere bayrische Köchin Monika, meine Großmutter ...
All das hätte ich nicht, würde ich einfach die Guetzlipakete im Supermarkt vom Gestell nehmen.
Allerdings sehe ich immer wieder: Junge Hausfrauen stehen beim Guetzlibacken vor einem Problem. Hauptsächlich die älteren Rezeptbücher setzen viele Kenntnisse voraus, die heute nicht mehr zur Standardausbildung eines Mädchens gehören.
Bei der Niederschrift dieser Rezepte habe ich vor allem an diesen Umstand gedacht. Die erfahrenen Guetzlibäckerinnen sollen mir die sehr ausführliche Beschreibung der Arbeitsvorgänge deshalb bitte verzeihen. Zum Trost für sie enthält meine Rezeptsammlung aber etliche unbekannte Rezepte, die ich in uralten Kochbüchern ausgegraben oder selbst herausgetüftelt habe.

Jederzeit ist Guetzlizeit!

Es wäre doch gelacht, wenn ich nur in der Vorweihnachtszeit rühren und kneten dürfte! Unsere Großmütter kannten unzählige Rezepte zu besonderen Tagen des Jahres: zum Dreikönigs-, zum St. Josephstag, für die Fastenzeit, zu Ostern, zum Johannistag etc.
Natürlich ist die unbestrittene Hochsaison des Guetzlibackens die Vorweihnachtszeit. Da halte ich mich strikt an die überlieferten Rezepte und schlage die Unkenrufe der Gesundheitsapostel in den Wind. Um es einfach zu sagen: Guetzli sind Genuß- nicht Nahrungsmittel. Das heißt, ich mache sie mit den Zutaten, die ein geschmacklich optimales Resultat ergeben, Kalorien und Gesundheitswert oder -unwert hin oder her. Aber ich stelle sie nicht auf, damit man damit seinen Hunger stillen kann. Weniger ist besser – wirklich gut ist noch besser.
Aber: Die Dose, in der ich meine Guetzli aufbewahre, die verstecke ich ganz gut. Manchmal so gut, daß auch ich selbst sie suchen muß!
Zu welcher Jahreszeit auch immer Sie dieses Büchlein zur Hand nehmen, liebe Leserin, ich wünsche Ihnen guet Guetzli! Herzlich

Mein Guetzli-Vorratsschrank

Im Vorratsschrank meiner Großmutter befanden sich genau dieselben Zutaten. Von irgendwelchen fertigen Mehl- oder Teigmischungen, synthetischen Aromen und Farbstoffen sehe ich ab.

Mehl
Wo Weißmehl (also Auszugsmehl) erforderlich ist, nehme ich Weizen- oder Dinkel-Weißmehl. In Deutschland hat das Weizen-Weißmehl die Typenbezeichnung 405. Kann ich Vollkornmehl verwenden, dann mahle ich die Körner mit meiner Getreidemühle. Als ich noch keine solche besaß, kaufte ich im Reformhaus ganz frisch gemahlenes Vollkornmehl. Länger haltbares Vollkornmehl muß mit Konservierungsstoffen behandelt werden.

Butter und andere Milchprodukte
Wenn ein Rezept Butter vorschreibt, dann nehme ich Butter – nicht einen Ersatzstoff, auch wenn die Reklame für diesen noch so verführerisch ist! Lieber weniger backen – aber mit naturreinen Zutaten.
Ein paar Dosen gezuckerte Kondensmilch sind Notvorrat für schnelle Guetzli bei Überfallbesuch.

Fette
Es gibt Großmutter-Rezepte, die die Verwendung von Schweinefett vorschreiben. Schweinefett macht den Teig mürber als Butter. Auch verändert es den Geschmack.
Fett von Schweinen, die während der Sommermonate auf der Alp gehalten werden, die natürlich ernährt werden, sich in frischer Luft und Sonne tummeln dürfen – das schmeckt gut. Aber wer kann sich solches Fett heute noch beschaffen? Ich habe in den entsprechenden Rezepten deshalb die benötigten Fettmengen in Butter angegeben.

Eier
Ich habe die Eier meiner eigenen Hühner, kenne die Legedaten also genau. Eier sollten im Eierfach des Kühlschranks auf die Spitze gestellt aufbewahrt werden. Auch ein vierzehn Tage altes Ei ergibt so absolut zufriedenstellende Resultate.

Eiweiß

Eiweiß, das ich nicht sofort verwende, wird tiefgekühlt.
Ich stelle jedes Eiweiß gesondert in einem Joghurtbecher ins Gefrierfach. Am darauffolgenden Tag löse ich das Eiweiß heraus, indem ich den Becher kurz in heißes Wasser tauche. Zwischen die einzelnen Eiweiße lege ich ein Stückchen Plastikfolie und versorge sie in einer Plastiktüte im Tiefkühler. So sind sie zehn Monate lang haltbar.

Eigelb

Übrig gebliebenes Eigelb bewahre ich mit etwas Wasser bedeckt, bis zu zwei Tagen im Kühlschrank auf. Fällt mehr Eigelb an, verfahre ich wie mit einzelnen Eiweiß-Portionen. Keinesfalls verwende ich es unerhitzt. Salmonellengefahr!

Zucker

Bei gewissen Rezepten läßt sich der raffinierte Zucker durch Birnendicksaft oder Rohrzucker ersetzen. Honig macht das Backwerk hart.
Alle diese vollwertigeren Süßstoffe haben aber einen spezifischen Eigengeschmack, der den originalen Geschmack eines Backwerks verändert.
Übrigens: In meinen Rezepten sind die Süßstoffzutaten relativ niedrig gehalten. Es bleibt jedem selbst überlassen, nach Geschmack mehr zuzugeben. Also: fertigen Teig versuchen!

Nüsse

Haselnüsse und Mandeln kommen ganz und auch in «vorverarbeiteter» Form (gerieben, geschält, in Stifte oder Blättchen geschnitten) in den Handel. Ihren Preis im Vergleich zu demjenigen unverarbeiteter Nüsse zu beachten, lohnt sich! Zerkleinerte oder geschälte Nüsse sind auch der Zersetzung viel mehr ausgesetzt. Mit andern Worten: Sie müssen mit Konservierungsmitteln behandelt werden, also kaufe ich Nüsse nur unverarbeitet. Bittere Mandeln erhält man im Reformhaus oder in der Apotheke. Von allen Nüssen halte ich mir nur relativ kleine Vorratsmengen, da sie schnell ranzig werden.

Rosinen, Sultaninen, Korinthen, andere Trockenfrüchte

kaufe ich im Reformhaus, wo ich Gewähr habe, daß sie mit einem Minimum oder überhaupt nicht mit Konservierungsmitteln behandelt wurden. Auch hier: Kleine Vorratsmengen sind besser.

Kandierte Früchte (Orangeat, Zitronat, Ananas, Kirschen)
Es lohnt sich, nur beste Qualität zu kaufen (Reformhaus, evtl. Konditor). Billige Qualitäten können einen ekelhaft chemischen Beigeschmack haben. Von einer Marke, die ich nicht kenne, kaufe ich vorsichtshalber zuerst ein kleines Versuchsmuster.

Gewürze (Anis, Kardamom, Koriander, Piment [Nelkenpulver], Vanille, Zimt)
Was wäre die Weihnachtsbäckerei ohne diese Zutaten? Einen kleinen Vorrat davon habe ich immer zur Hand. Außer Vanille, Zimt- und Nelkenpulver bewahre ich alles im Tiefkühler auf. Sie sind – auch im gefrorenen Zustand – rieselfähig und behalten so ihr Aroma viel besser.
Noch eine neue Art, Gebäck zu würzen, kommt auf uns zu: Im Reformhaus finde ich seit kurzem Gewürzöle. Ihr Geruch und Geschmack sind meist noch viel intensiver. Doch ist es jeder Guetzlibäckerin überlassen, synthetische Aromastoffe zu verwenden.

Farbstoffe
Synthetische Lebensmittelfarben sollen zwar absolut giftfrei sein. Sie verursachen bei mir aber unangenehme Allergien. Also begnüge ich mich mit natürlichen Farbstoffen und mache mir einen Spaß daraus, immer noch neue Farbnuancen zu entdecken (siehe Marzipan-Rezept auf S. 48).

Schokolade
Die am besten geeignete Qualität ist im jeweiligen Rezept angegeben. Wichtig: Schokolade immer im Wasserbad schmelzen. Möglichst wenig rühren. Nur warm, niemals heiß werden lassen. Sonst wird sie bröckelig und ist nicht mehr streichfähig.

Zitrusfrüchte
Ohne die «abgeriebene Schale einer Zitrone» haben viele Guetzli-Rezepte keinen Pfiff. Unweigerlich muß die Frage nach der «unbehandelten» Zitrone auftauchen. Ich weiß von einem Zitronenpflanzer, daß es praktisch unmöglich ist, völlig unbehandelte Zitronen in unsere Gegenden zu verschicken. Sie faulen zu rasch. Bei Orangen und bei Grapefruit ist das eher möglich. Jetzt gibt es die Möglichkeit, im Reformhaus Zitronenöl aus ungespritzten Zitronen zu kaufen. Das Geschmacksresultat ist gut, aber nicht genau gleich wie die Schale frischer Zitronen.

Treibmittel

Backpulver

Backpulver besteht in der Regel aus einem Säuerungsmittel (Phosphat), einem Treibmittel (Bicarbonat) und Stärke. Neuerdings ist auch phosphatfreies Backpulver im Handel, das als Säuerungsmittel Weinstein enthält (Reformhaus).

Pottasche

findet hauptsächlich bei der Lebkuchenbäckerei Verwendung. Man kann Pottasche durch Backpulver ersetzen – aber der Geschmack des Endproduktes wird dadurch etwas verändert.

Hirschhornsalz

braucht man für Änisbrötli (Springerle), Butterkeks. Auch hier: Der Ersatz durch Backpulver ergibt ein etwas anderes Aroma. Hirschhornsalz entwickelt während des Backvorgangs intensiven Ammoniakgeruch, der sich aber sofort verflüchtigt.

Eiweiß

Auch steif geschlagenes Eiweiß dient als Treibmittel (siehe Biskuitteig).

Salz

Auch Salz darf zu den Treibmitteln gezählt werden. Eine Prise Salz verträgt jeder Teig.

Guetzli aufbewahren

Generell lagert man jede Guetzlisorte für sich getrennt in Weißblech- oder Plastikdosen an einem kühlen Ort – aber nicht im Kühlschrank (Ausnahme: Rahmfüllungen).
Guetzliteige kann man 6–8 Wochen tiefkühlen (wichtig: portionenweise abpacken!). Den Teig über Nacht im Kühlschrank auftauen lassen.
Fertig gebackene Guetzli lassen sich ebenfalls tiefkühlen, wenn es sich um nicht glasierte Arten handelt. Ausnahme: Eiweißgebäck.
Weitere Aufbewahrungstips bei den einzelnen Rezepten.

Geräte für die Guetzlibäckerei

- Küchenwaage
- ein Satz Teigschüsseln in verschiedener Größe
- hölzerner Kochlöffel
- Schwingbesen
- je ein glattes und ein gezacktes Teigrädchen
- Holzleiste, etwas länger als das Kuchenblech (als Lineal)
- Ausstechförmchen
- Spritzsack mit verschiedenen Tüllen
- Teigschaber (Backhorn)
- Wallholz
- Maßbecher
- je ein Tassen-, Eßlöffel- und Kaffeelöffel-Maß
- Spachtel
- je einen Pinsel zum Bestreichen des Kuchenblechs und der Backwaren
- Backpapier
- Gitter zum Auskühlen des Backwerks
- Kuchenbleche
- Dosen und Gläser zum Aufbewahren

Von den verschiedenen elektrischen Apparaten verwende ich nur den Schwingbesen und den Stabmixer. Alle andern erleichtern mir wohl die Arbeit, der Zeitaufwand für die Reinigung ist aber meines Erachtens zu groß.

Backofen

Ob konventioneller, Umluft- oder Gasbackofen: Die hier angegebenen Backzeiten beziehen sich immer auf den vorgeheizten Backofen. Die Vorheizzeiten schwanken so stark, daß nur so einigermaßen exakte Zeitangaben möglich sind.
Beim Umluft-Backofen kann man zwei Bleche auf einmal einschieben, bei den übrigen nur eines. Guetzli werden – wenn im Rezept nichts anderes angegeben ist – immer in der Mitte des Ofens gebacken.
Die angegebenen Zutatenmengen sind für zwei Backbleche berechnet.

Allgemeine Regeln beim Zubereiten und Backen von Guetzli

Auch wenn ich einem Konditor nicht Konkurrenz machen will und kann: Sorgfältiges Arbeiten ist eine Grundbedingung.
Um meine Arbeit rationell zu organisieren, bereite ich nacheinander verschiedene Teige vor, die kühlgestellt werden müssen. Über Nacht gekühlt ist allemal noch besser. Wichtig ist es, die einzelnen Teige, ehe man sie in den Kühlschrank gibt, anzuschreiben, damit keine Verwechslungen entstehen.
Übrigens: Butterteige können problemlos auch einige Wochen lang tiefgekühlt werden. Zum Auftauen über Nacht im Kühlschrank lassen.
Am Backtag backe ich diejenigen Teige, die die gleiche Temperatur erfordern, nacheinander.
Ich teile den Teig meist mindestens in zwei Stücke und walle diese einzeln aus. Auf die Arbeitsfläche gebe ich möglichst wenig Mehl. Manchmal läßt sich ein Teig besser auswallen, wenn ich darüber ein Backpapier lege.
Vor dem Ausstechen löse ich ihn mit einem Spachtel vom Tisch. Die ausgestochenen Formen verziehen sich dann weniger.
Beim Bestreichen achte ich darauf, daß das Eiweiß oder -gelb nicht über den Rand fließt. Der Teig kann sonst nicht mehr richtig aufgehen.
Ich lege die Gutzi immer mit Abstand auf das Blech. Keinesfalls dürfen sie sich berühren.
Eiweiß-Gebäck geht besonders stark auf. Also großen Abstand einhalten. Die Guctzli versetzt auflegen.
Die angegebenen Backzeiten sind Mittelwerte!
Wichtig: Backofen immer vorheizen, bis das Aufheiz-Kontrollicht erlöscht (auch bei Umluft-Backofen).
Das zu backende Gut kontrollieren. Bei Teigen, die geschlagenes Eiweiß enthalten, Backofentüre in der ersten Hälfte der Backzeit nicht öffnen.

Alltagsguetzli

1 Butterplätzli
(Rezept zur Eigelbverwertung)
2 Haferhöckli
(Rezept zur Eiweißverwertung)
3 Vollkornhöckli
(Rezept zur Eiweißverwertung)
4 Schoggi-Mandelguetzli
(Rezept zur Eiweißverwertung)
5 Kokos-Vanille-Makrone
(Rezept zur Eiweißverwertung)
6 Wykonfekt
7 Wybysserli
(Rezept ohne Ei)
8 Crackers
9 Butterkeks (Petit beurre)
(Rezept ohne Ei)

1 Butterplätzli

1 Ei	10 Minuten kochen. Abkühlen lassen. Schälen. Das Eigelb durch ein Haarsieb streichen. In eine Schüssel geben.
125 g Butter	zimmerwarm, dazugeben,
1 Eigelb	dazugeben,
125 g Zucker	dazugeben,
1/2 Vanilleschote	der Länge nach aufschlitzen. Die Kerne herauskratzen, diese zum Teig geben.
250 g Mehl	darübersieben. Von Hand zu einem glatten Teig kneten. In Plastikfolie eingewickelt 1 Stunde kaltstellen. Elektro-Ofen auf 180°, Umluft-Ofen auf 160° C, Gas-Ofen auf Stufe 3 – 4 vorheizen. Teig auf einer trockenen, bemehlten Arbeitsfläche 5 mm dick auswallen. Mit einem Glas (Durchmesser 5 cm) Plätzchen ausstechen. Diese auf zwei mit Backpapier ausgelegte Kuchenbleche legen.
1 Eigelb	und
2 EL Kondensmilch	miteinander verrühren. Damit die Plätzchen bestreichen. 18 Minuten backen. Auf einem Gitter auskühlen lassen. In Weißblechdose aufbewahrt 4 Wochen haltbar. Können tiefgekühlt 3 Monate aufbewahrt werden.

Übrigens:
Rezept zur Eigelbverwertung.

2
6
7
8
9
1

2/3 Haferhöckli/ Vollkornhöckli

Haferhöckli

Elektro-Ofen auf 175°, Umluft-Ofen auf 150° C, Gas-Ofen auf Stufe 2 – 3 vorheizen.

400 g gezuckerte Kondensmilch (Inhalt einer Dose)
150 g grobe Haferflocken und
200 g geriebene Haselnüsse dazugeben.

Alles mit einem Kochlöffel gut vermengen.

3 Eiweiß mit einer Gabel leicht schlagen. Unter den Teig mengen.

Ein Kuchenblech mit Backpapier belegen.
Mit Hilfe eines Kaffeelöffels Teighäufchen darauflegen. Abstand von einem zum andern 3 cm, da sie noch etwas auseinanderfließen.
20 Minuten bei geöffneter Backofentüre (Kellenstiel dazwischen klemmen) mehr trocknen als backen.
Vom Blech nehmen, auf einem Gitter auskühlen lassen.
In gut schließbarer Weißblechdose aufbewahren.

Vollkornhöckli

macht man genau gleich mit folgenden Zutaten:

400 g gezuckerte Kondensmilch (Inhalt einer Dose)
100 g Vollkornmehl
250 g Haselnüsse gerieben
3 Eiweiß

4 Schoggi-Mandelguetzli

400 g Marzipan	Rezept siehe Seite 48 Abbildung siehe Seite 47
2 Eiweiß	und
2 KL Kakaopulver	miteinander gut vermengen.

Eventuell noch ganz wenig Wasser dazugeben. Es muß eine geschmeidige Masse entstehen, die sich in den Spritzsack füllen läßt.
Mit verschiedenen Tüllen verschiedene Formen (Häufchen, S, Stengelchen, Schnecken) auf zwei mit Backpapier ausgelegte Kuchenbleche spritzen. Über Nacht trocknen lassen.
Elektro-Ofen auf 220°, Umluft-Ofen auf 200° C, Gas-Ofen auf Stufe 4 vorheizen.
5 Minuten backen.
Auf einem Gitter auskühlen lassen.
In einem Einmachglas aufbewahrt 3 – 4 Wochen haltbar.

Übrigens:
Rezepte zur Eiweißverwertung

5 Kokos-Vanille-Makrone

2 Vanilleschoten	der Länge nach aufschneiden. Die Kerne herauskratzen und in eine Schüssel geben.
4 Eiweiß	dazugeben. Zu steifem Schnee schlagen. Dabei nach und nach
400 g Zucker	untermengen. Elektro-Ofen auf 180°, Umluft-Ofen auf 160° C, Gas-Ofen auf Stufe 3 – 4 vorheizen.
400 g Kokosflocken	sorgfältig unter das Eiweiß heben. Auf zwei mit Backpapier belegten Kuchenblechen
Backoblaten (Durchmesser 6 cm)	verteilen. Mit zwei Kaffeelöffeln Häufchen auf die Oblaten setzen. 10 Minuten backen. Auf einem Kuchengitter auskühlen lassen. In Weißblechdose aufbewahrt 3 Wochen haltbar.

Übrigens:
Rezept zur Eiweißverwertung.

6 Wykonfekt

150 g Butter	zimmerwarm,
150 g Zucker,	
10 g Zimt	und
2 Eigelb	miteinander schaumig rühren.
1 dl herben Weißwein	dazugeben,
300 g Mehl	darübersieben.

Elektro-Ofen auf 160°, Umluft-Ofen auf 140° C, Gas-Ofen auf Stufe 3 vorheizen.
Die Zutaten zu einem elastischen Teig verarbeiten. Diesen auf einer trockenen, bemehlten Arbeitsfläche 5 mm dick auswallen.
Mit Ausstechförmchen ausstechen.
Auf zwei mit Backpapier ausgelegte Kuchenbleche legen.
15 Minuten backen.
Auf einem Gitter auskühlen lassen.
In Weißblechdose aufbewahrt 2 Monate haltbar.

Notizen:

7/8/9 Wybysserli/ Crackers/Butterkeks

Wybysserli

200 g Mehl	in eine Schüssel sieben.
1 gestr. KL Salz	und
70 g Butter	zimmerwarm, dazugeben. Alles zwischen den Handflächen zu einer krümeligen Masse verreiben.
70 g Weißwein	nach und nach dazumischen. Den Teig durchkneten, zu einer Kugel formen, mit Plastikfolie bedeckt 1 Stunde kühlstellen. Ein Backpapier in der Größe des Kuchenblechs auf eine Arbeitsfläche legen. Die Teigkugel darauf 3 mm dick auswallen. Das Papier auf das Kuchenblech ziehen. Elektro-Ofen auf 220°, Umluft-Ofen auf 200° C, Gas-Ofen auf Stufe 4 – 5 vorheizen. Den Teig mit einem gezackten Rädchen in 3 × 4 cm große Rechtecke zerschneiden. Mit einer Gabel jedes Plätzchen einige Male einstechen. 15 Minuten backen.

Crackers

Gleiches Rezept wie Wybysserli, jedoch Wasser anstelle von Weißwein nehmen. Vor dem Backen mit

1 Eiweiß	bepinseln, mit
3 EL Mohn-, Sesam- oder Kümmelsamen	bestreuen.

Butterkeks (Petit beurre)

Gleiches Rezept wie Wybysserli, jedoch mit Wasser und

40 g Zucker

Alle drei Varianten nach dem Backen auf einem Gitter auskühlen lassen.
In Weißblechdose 2 Monate haltbar.
Tiefgekühlt 4 Monate haltbar.

Übrigens:
Wybysserli-Rezept ohne Ei!
Butterkeks-Rezept ohne Ei!

Blätterteig

Guetzli aus Blätterteig

Kein anderer Teig ist in der Guetzliküche so vielseitig verwendbar wie der Blätterteig. Ob süß oder salzig: Der Grundteig ist immer derselbe. Er enthält viel Butter. Diese hat die angenehme Eigenschaft, Geschmacksstoffe zu verfeinern. So ist es denn der Belag des Teiges, der dem Guetzli den Namen gibt.

Die Herstellung von Blätterteig braucht etwas Geduld. Wenn man ihn schon selbst macht (und das lohnt sich: Man backe einmal parallel irgendein Guetzli mit gekauftem und selbstgemachtem Teig!), muß man bestimmte Grundregeln beachten und überhaupt das Geheimnis des Blätterteigs kennen: Er wird so luftig und knusprig, weil man viele ganz dünne Butter- und Mehlschichten übereinanderbringt.

Rechne: Man gibt auf den Teig eine Lage Butter und faltet Teig und Butter dreimal übereinander. Dieses Teigpaket wird kühlgestellt, ausgewallt, wieder dreimal gefaltet, kühlgestellt, ausgewallt, dreimal gefaltet etc. Mindestens viermal sollte man das machen. $3 \times 3 = 9 \times 3 = 27 \times 3 = 81 \times 3 = 243$ ... einzelne Teiglagen.

Es leuchtet ein, daß man einen solchen Teig nicht kneten darf wie einen gewöhnlichen Teig. Reste muß man flach übereinanderlegen und dann wieder auswallen.

Eigelb, das über die Teigkanten läuft, klebt ihn zusammen. Dann kann er nicht mehr aufgehen. Also mindestens 1 mm Rand freilassen.

Und schließlich: Blätterteig, der an den Rändern aufgehen soll (z. B. für Pastetchen), zerschneidet man mit einem scharfen Messer. Wiederum, damit die einzelnen Teiglagen nicht aneinanderkleben.

Die zum Tiefkühlen vorgesehene Portion nach Wunsch teilen. In Tiefkühlbeuteln verpackt einfrieren.

Mit der im Grundrezept angegebenen Menge lassen sich fünf verschiedene Guetzli herstellen.

Blätterteig (Grundrezept)

Wichtig: mindestens einen Tag vor Verwendung herstellen!
Die angegebenen Mengen genügen für je zwei Kuchenbleche salziger oder süßer Guetzli gemäß den nachstehenden Rezepten für Beläge und Füllungen. Es lohnt sich, mehr Teig als benötigt herzustellen. Der Zeitaufwand ist derselbe. Blätterteig kann eine Woche lang im Kühlschrank aufbewahrt werden und ist – in Portionen tiefgekühlt – 6 Monate lang haltbar.

500 g Mehl	auf eine trockene Arbeitsfläche sieben.
2 KL Salz	dazugeben.
100 g Butter	kalt, in Flöckchen darüberstreuen. Nach und nach
3 dl Wasser	kalt, und
2 EL Weißweinessig	dazugeben. Alles zuerst mit Hilfe des Teigschabers, dann mit kalten Händen möglichst rasch zu einem glatten Teig kneten. Diesen in eine Plastikfolie gehüllt 1 Stunde kaltstellen.
400 g Butter	zwischen zwei Lagen Backpapier zu einem möglichst rechteckigen Stück von der Größe eines Bogens Schreibmaschinenpapier auswallen. Zwischen den Papierlagen 1 Stunde kaltstellen.

Den Teig so auswallen, daß er die Größe von zwei nebeneinanderliegenden Schreibmaschinenbogen hat. Die Butter aus dem Papier nehmen, in die Teigmitte legen. Die Teile rechts und links darüberschlagen. Das Teigpaket zur ursprünglichen Teiggröße auswallen, dreifach zusammenlegen, in Backpapier (dazu kann man dasjenige der Butterlage benützen) hüllen, 1/2 Stunde kühl stellen. Die Teigplatte so auf den Tisch legen, daß die Bruchkanten rechts und links sind. Auswallen, dreifach zusammenfalten. Rest siehe oben. Noch zwei- bis dreimal so vorgehen.

vitaminisiert
Weiss-
Mehl
Farine
fleur
14
16
17
11
15

10 Mandelgipfeli

200 g Blätterteig	3 mm dick auswallen. Elektro-Ofen auf 220°, Umluft-Ofen auf 200° C, Gas-Ofen auf Stufe 4 – 5 vorheizen.
20 g Mandeln	fein reiben.
10 g Zucker *2 g Zimt* *3 EL Rahm*	miteinander vermengen. Den Teig in Dreiecke von 12 cm Schenkellänge schneiden. In der Mitte eines Schenkels 2 cm tief einschneiden (siehe Foto). Auf jedes Dreieck 1 KL Füllung legen. So aufrollen, daß die eingeschnittene Seite eingepackt wird. Die Gipfeli etwas biegen. Auf zwei mit kaltem Wasser abgespülte Kuchenbleche legen.
1/2 Eigelb	mit dem Pinsel verrühren. Die Gipfeli damit bestreichen. Backen siehe Schinkenhalbmöndli.

Notizen:

11 Marzipan-windrädli

200 g Blätterteig — 3 mm dick auswallen.
Ofen auf 220°, resp. 200° C, resp. auf Stufe 4 – 5 vorheizen.

50 g Marzipan — Rezept siehe Seite 48.
2 EL Rum — miteinander vermischen.

Teig in Vierecke von 9 × 9 cm schneiden. Jede Ecke 2 cm schräg einschneiden (siehe Foto). Eine Ecke umlegen. In die freie Mitte 1 KL Füllung geben.
Backen siehe Schinkenhalbmöndli.

Notizen:

So macht man einen Blätterteig:

Bild 1: Teig zu einer rechteckigen Platte in der Größe von 2 A-4-Seiten auswallen, Butter zu einer Platte von der Größe einer A-4-Seite auswallen, in die Mitte der Teigplatte legen. Diese links und rechts über die Butter schlagen. Auswallen.

Bild 2: Das Teig-/Butter-Paket zur ursprünglichen Teiggröße auswallen,

Bilder 3/4: dreifach zusammenlegen. In Butter- oder Backpapier eingeschlagen kühlstellen. Wieder auswallen etc.

Bilder 5 – 8: Die verschiedenen Arbeitsschritte für Windrädli, Gipfeli, Halbmonde und Kämme.

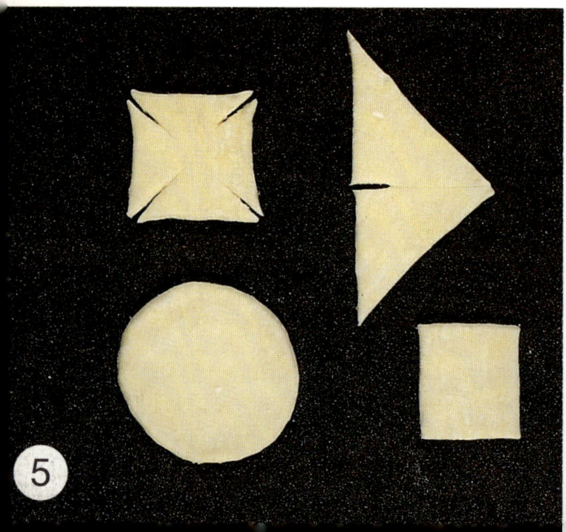

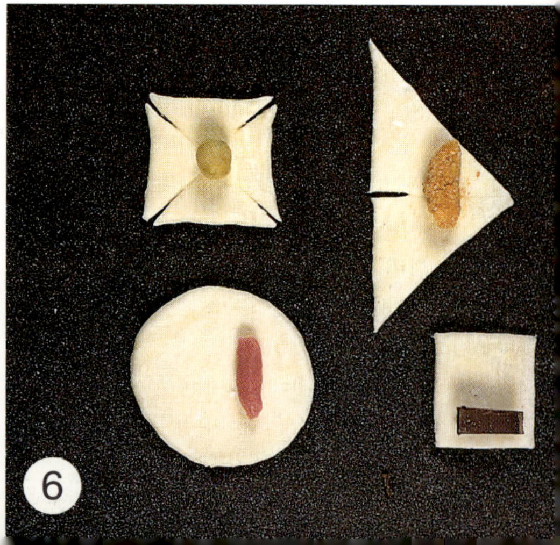

Farine

2

Weiss-
Mehl

Weiss-
Mehl
Farine
fleur
4

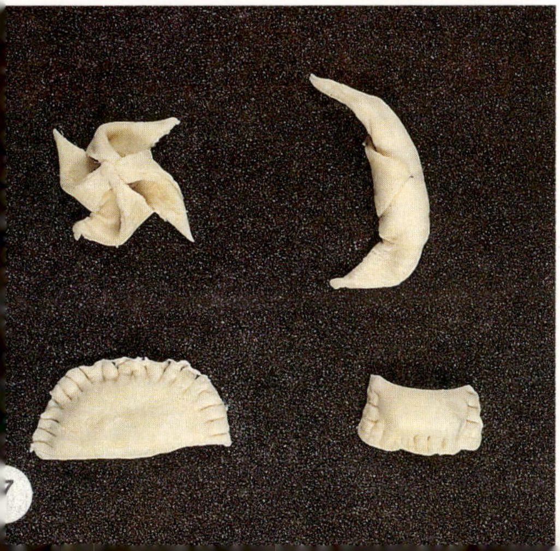

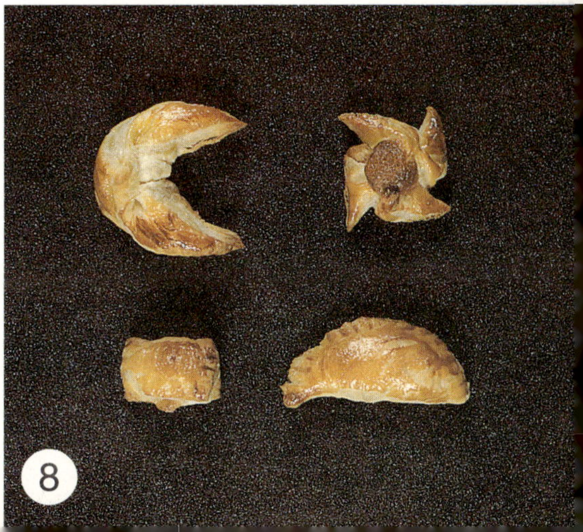
8

12 Schinke-halbmöndli

80 g Schinken	gekocht, in feine Streifen schneiden.
1/2 Zwiebel	möglichst fein hacken.
2 EL Sauerrahm	
1 KL Majoran	
1 Eigelb	miteinander vermengen.
	Elektro-Ofen auf 220°, Umluft-Ofen auf 200° C, Gas-Ofen auf Stufe 4 – 5 vorheizen.
200 g Blätterteig	3 mm dick auswallen. Mit einem Glas (Durchmesser 10 cm) Plätzchen ausstechen.
1/2 Eiweiß	mit einer Gabel leicht verklopfen.
	Die Plätzchenränder damit bestreichen.
	In die Mitte 1 KL Füllung geben. Zu Halbmonden zusammenklappen. Ränder mit den Zinken einer Gabel festdrücken.
1 Eigelb	mit dem Pinsel verrühren. Die Plätzchen damit bestreichen.
	12 Minuten backen. Ofentüre während des Backens nicht öffnen!
	Möglichst frisch essen oder – auf einem Gitter ausgekühlt – tiefkühlen.
	4 Wochen haltbar. Im Kühlschrank über Nacht auftauen. 4 Minuten in den auf 220° vorgeheizten Ofen geben.

Notizen:

13 Schoggikämm

Elektro-Ofen auf 220°, Umluft-Ofen auf 200°, Gas-Ofen auf Stufe 4 – 5 vorheizen.

200 g Blätterteig	3 mm dick auswallen. In Rechtecke von 8 × 10 cm schneiden.
1 Eiweiß	mit einer Gabel verklopfen. Die Ränder der Plätzchen damit bestreichen.
1 Tafel Schokolade	in rippchengroße Stücke zerbrechen. Auf jedes Teigplätzchen ein Stück legen. Der Länge nach zusammenfalten. Ränder mit einer Gabelzinke festdrücken. Auf zwei mit kaltem Wasser abgespülte Kuchenbleche legen.
1 Eigelb	mit dem Pinsel verrühren. Die Rechtecke damit bestreichen.

Backen siehe Schinkehalbmöndli.

Notizen:

14/15 Pizzaschnägge Chässchleife

Pizzaschnägge

Elektro-Ofen auf 220°, Umluft-Ofen auf 200°, Gas-Ofen auf Stufe 4 – 5 vorheizen.

200 g Blätterteig — 2 mm dick auswallen.

2 EL Tomatenmark
1 EL Rahm
1 KL Oregano — getrocknet
Pfeffer aus der Mühle — miteinander mischen, auf die Teigplatte streichen.

70 g Schinken — roh oder gekocht und/oder
3 Sardellen — fein gehackt, darauf verteilen.
100 g Parmesan — fein gerieben, darüberstreuen.

Den Teig in 15 cm breite Streifen schneiden. Satt aufrollen. Kühl stellen. In 1/2 cm dicke Scheiben schneiden. Diese auf zwei kalt abgespülte Kuchenbleche legen.
12 Minuten backen.
Rest siehe Schinkehalbmöndli.

Chässchleife

Elektro-Ofen auf 220°, Umluft-Ofen auf 200°, Gas-Ofen auf Stufe 4 – 5 vorheizen.

200 g Blätterteig — 2 mm dick auswallen.
100 g Gruyère-Käse — fein reiben. Auf die eine Hälfte des Teiges streuen. Zweite Teighälfte darüberklappen. Mit dem Wallholz festdrücken.
Rechtecke von 8 × 10 cm ausschneiden. In der Mitte längs einen 5 cm langen Schlitz schneiden. Eine Hälfte des Rechtecks durch den Schlitz ziehen.
1 Eigelb — mit dem Pinsel verrühren. Die Schleifen damit bestreichen.
Backen siehe Schinkehalbmöndli.

16 Thunfisch-paschtetli

	Elektro-Ofen auf 220°, Umluft-Ofen auf 200°, Gas-Ofen auf Stufe 4 – 5 vorheizen.
200 g Blätterteig	3 mm dick auswallen. In Quadrate von 8 cm Seitenlänge schneiden.
100 g Thunfisch	mit der Gabel zerpflücken.
10 Oliven ohne Kerne	in feine Scheibchen schneiden.
2 EL Kapern	mit der Gabel zerdrücken. Alles miteinander vermengen.
1/2 Eiweiß	mit der Gabel leicht zerklopfen. Damit die Ränder der Quadrate bestreichen. Etwas Füllung in die Mitte der Quadrate geben und diese zu Dreiecken zusammenlegen. Ränder festdrücken.
1 Eigelb	mit dem Pinsel verrühren. Die Pastetchen damit bestreichen. Backen siehe Schinkehalbmöndli.

Notizen:

17 Pikanti Öhrli

Elektro-Ofen auf 220°, Umluft-Ofen auf 200°, Gas-Ofen auf Stufe 4 – 5 vorheizen.

200 g Blätterteig zu einem möglichst gleichmäßigen Rechteck 3 mm dick auswallen.

100 g Emmentaler gerieben, darüberstreuen. Von beiden Seiten zur Mitte des Teiges zusammenrollen. 1 Stunde kaltstellen. In Scheiben von 3 mm Dicke schneiden.

50 g Sesamsamen darüberstreuen.

Backen wie Schinkehalbmöndli.

Wer es eilig hat, wallt den Blätterteig 3 mm dick aus, schneidet ihn in rechteckige Plätzchen, bepinselt diese mit Eigelb und bestreut sie mit geriebenem Käse und/oder Sesamsamen, Kümmel, Mohnsamen. Man kann sie zusätzlich noch mit einer geschälten Mandel belegen.

Die vorstehenden Rezepte vermitteln Ihnen acht Arten von Füllungen und Formen. Natürlich kann nun beides auf alle möglichen Arten variiert und ergänzt werden. Der Phantasie sind überhaupt keine Grenzen gesetzt. Nur eines sollte man beachten: dieselbe Form sollte immer dieselbe Füllung haben.

Guetzli aus aller Welt

18 Ananas-Häufchen aus der Karibik

80 g Butter zimmerwarm, schaumig rühren. Nach und nach

80 g Rohzucker
2 Eigelb
1 Msp. Kardamom dazugeben. Von einer
1/2 Vanilleschote die man längs aufschneidet, die ausgekratzten Kerne beigeben.

80 g kandierte Ananas ganz fein hacken, beigeben.

125 g Mandeln mit kochendem Wasser übergießen, 5 Minuten stehen lassen, schälen. Auf ein Kuchenblech schütten. Bei 100° 15 Minuten trocknen. Das Blech einige Male aufschütteln. Die Mandeln zweimal durch die Mandelmühle treiben. Zum Teig geben.

80 g Mehl darübersieben.

Alles gut durchkneten.
Elektro-Ofen auf 170°, Umluft-Ofen auf 150° C, Gas-Ofen auf Stufe 2 – 3 vorheizen.
Den Teig portionenweise mit einem Kaffeelöffel abstechen. Die Hände mit kaltem Wasser abspülen und die Teigportionen zu Kugeln drehen.
Auf zwei mit Backpapier ausgelegte Kuchenbleche legen.
10 Minuten backen.
Auf einem Gitter auskühlen lassen.
In einer Weißblechdose aufbewahrt 4 Wochen haltbar.

Dieses Rezept kann problemlos variiert werden, indem man anstelle von kandierter Ananas eine andere kandierte Frucht wählt.
Übrigens: Rezept zur Eigelbverwertung.

19
18
21
21
20

19 Engadiner Nuß-Schnittli

Teig:	
300 g Mehl	
150 g Weizenstärke (Epifin oder Mondamin)	
1 gestr. KL Backpulver	
1 Prise Salz	in eine Schüssel sieben.
250 g Butter	kalt, in kleine Flöckchen zerteilen und mit dem Mehl verreiben.
4 Eigelb	und
2 dl Rahm	dazugeben. Alles möglichst rasch von Hand zusammenkneten. Zu einer Kugel formen. In Plastikfolie gehüllt 1 Stunde kaltstellen.
Füllung:	
10 bittere Mandeln	und
300 g Walnüsse	zweimal durch die Mandelmühle treiben.
150 g Zucker	in einem Pfännchen schmelzen. Die Nüsse und
2 Msp. Nelkenpulver	
2 Msp. Zimt	
6 EL Bienenhonig	daruntermengen. Abkühlen lassen. Den Teig in zwei möglichst gleich große Teile teilen. Elektro-Backofen auf 180°, Umluft-Backofen auf 160° C, Gas-Ofen auf Stufe 3 – 4 vorheizen. Teigstücke 2 mm dick zu möglichst gleichen Rechtecken auswallen. Eines davon auf ein mit Backpapier belegtes Kuchenblech legen. Mit der Nußfüllung bestreichen. Mit der zweiten Teigplatte bedecken. Diese mit
2 Eigelb	bestreichen. Mit einer Gabel in regelmäßigen Abständen (1 cm) einstechen.

25 Minuten backen.
Noch warm in längliche Stückchen (3 × 5 cm) schneiden.
Auf einem Gitter auskühlen lassen.
In einer Weißblechdose aufbewahrt 2 Wochen haltbar.

Man kann mit denselben Zutaten auch **Engadiner Nußtorte** backen. Hierfür nimmt man nur die Hälfte der angegebenen Mengen und gibt sie in eine Springform von 18 cm Durchmesser.
Backzeit bei gleichen Temperaturen 30 Minuten.
Entweder in Stücke geschnitten in Weißblechdose aufbewahren oder die ganze Torte (z. B. als Geschenk) in Alufolie wickeln.

Übrigens:
Rezept zur Eigelbverwertung.

20 Griechisches Mandelgebäck

130 g Mandeln	zwei- bis dreimal durch die Mandelmühle treiben. In eine Schüssel geben.
380 g Mehl	darübersieben. In die Mehlmulde eine Vertiefung machen.
2 Eier	
2 EL Ouzo	
1 Prise Salz	
250 g Butter	kalt, in Flöckchen zerteilt
150 g Zucker	
1 Vanilleschote	der Länge nach aufschneiden, die Kerne herauskratzen, beigeben. Mit kalten Händen rasch zu einem glatten Teig verarbeiten. Zu einer Kugel formen. Mit Plastikfolie bedeckt 1 Stunde kaltstellen. Elektro-Backofen auf 180°, Umluft-Backofen auf 160° C, Gas-Ofen auf Stufe 3 – 4 vorheizen. Teig zu walnußgroßen Kugeln formen. Auf zwei mit Backpapier belegte Kuchenbleche legen. 20 Minuten backen. Noch warm bestreichen mit
3 EL Rosenwasser	
2 EL Puderzucker	mittels eines Siebes darüberstreuen. Auf einem Gitter auskühlen lassen. In einer Weißblechdose aufbewahrt 3 Monate haltbar.

Notizen:

21 Italienisches Mandelgebäck

150 g Butter	zimmerwarm, mit
100 g Zucker	und
1 Prise Salz	schaumig rühren.
100 g Mandeln	mahlen, beigeben.
200 g Mehl	darübersieben. Mit den Händen auf einer trockenen Arbeitsfläche zu einem trockenen Teig kneten. In Plastikfolie 30 Minuten kaltstellen. Auf einer trockenen Arbeitsfläche 5 mm dick auswallen. Beliebige Formen ausstechen. Diese auf zwei mit Backpapier ausgelegte Kuchenbleche legen. Elektro-Ofen auf 180°, Umluft-Ofen auf 160° C, Gas-Ofen auf Stufe 3 – 4 vorheizen.
1 Eigelb	mit
1 KL kaltem Wasser	verrühren. Die Plätzchen damit bestreichen. Mit
10 g Mandelspänen	oder
10 g grünen Pistazien	bestreuen. Alle Plätzchen 10 Minuten backen.
1 Orange	gut waschen, trockenreiben und mit dem Sparschäler die Schale abschälen. Die Schale in
2 EL Orangensaft	und
1 EL Zucker	dünsten. Auf Küchenpapier abtropfen lassen.
2 EL Puderzucker	und
2 EL Orangensaft	miteinander verrühren. Die noch warmen Plätzchen damit bestreichen und mit den in feine Streifchen geschnittenen Orangenschalen verzieren.

Übrigens:
Rezept zur Eigelbverwertung.

Marzipan

Weitere Rezepte mit Marzipan siehe Nr. 4, 11 und 59.

23
4
4
22

Marzipan

225 g Mandeln	und
25 g Bittermandeln	werden mit kochendem Wasser übergossen. 5 Minuten stehen lassen. Schälen. Auf ein Backblech schütten. Ofen auf 100° C einstellen. Die Mandeln 30 Minuten trocknen lassen. Einige Male aufschütteln. Drei- bis viermal durch die Mühle treiben. In einen Kochtopf geben.
250 g Puderzucker	dazusieben.
abgeriebene Schale einer Zitrone	und
1 EL Rosenwasser	dazugeben.
1 Eiweiß	mit einer Gabel leicht verklopfen, beigeben. Auf kleiner Flamme erwärmen. Rühren, bis sich der Zucker aufgelöst hat und die Masse sich vom Topfboden löst. Das Marzipan darf nicht mehr kleben.

Notizen:

22 Marzipan-Früchte und -Figuren

Je nach Verwendungszweck kann man Marzipan auch färben. Die Menge des «Farbstoffes» richtet sich nach der gewünschten Farbintensität. Je mehr man zusetzt, desto dunkler wird das Resultat. Mittelwerte für 80 g Marzipan-Masse:

für grün:

10 g Pistazien	und
1 EL Wasser	mixen

für orange:

20 g getrocknete Aprikosen	und
1 1/2 EL Wasser	mixen

für gelb-orange:
1 1/2 EL Rüebli-(Karotten)saft

für rot:
1 1/2 EL Randen-(Rote Bete)saft

für gelb:
1 – 2 Msp. Safran-Pulver

Mit dem Marzipan gut verkneten, soviel Puderzucker (2 – 4 EL) dazusieben, daß die ursprüngliche Konsistenz erreicht wird. Nach Belieben zu Früchten oder Gemüse (Äpfel, Birnen, Karotten, Kartoffeln) oder zu Figuren (Schweinchen, Küken, Hasen) formen.

23 Marzipanguetzli

125 g Butter	zimmerwarm
75 g Zucker	
100 g Marzipanmasse	Rezept siehe Seite 48.
1 Ei	
2 Eigelb	im Mixer gut miteinander vermengen. In eine Schüssel geben.
200 g Mehl	darübersieben. Mit einem Kochlöffel zu einem flüssigen Teig vermengen.

Diesen portionenweise in einen Spritzsack mit gezackter Tülle füllen. Auf zwei mit Backpapier belegte Kuchenbleche Häufchen (Durchmesser 4 cm) spritzen. 2 cm Abstand.
1 Stunde kaltstellen.
Elektro-Ofen auf 180°, Umluft-Ofen auf 160° C, Gas-Ofen auf Stufe 3 – 4 vorheizen.
12 Minuten backen.
Auf einem Gitter auskühlen lassen.
In Weißblechdose aufbewahrt 4 Wochen haltbar.

Übrigens:
Rezept zur Eigelbverwertung.

Festtagsguetzli

24 Mandelgutzi
25 Pfluume-Aprikose-Höckli
(Rezept zur Eigelbverwertung)
26 Schoggi-Makrone
(Rezept zur Eiweißverwertung)
27 Vanille-Schümli
(Rezept zur Eiweißverwertung)
28 Schwarz-Wyß-Guetzli

24 Mandelgutzi

175 g Mandeln	mit kochendem Wasser übergießen, 5 Minuten stehen lassen, schälen. 120 g davon zweimal durch die Mandelmühle treiben. Rest beiseite stellen.
150 g Butter	zimmerwarm, mit
2 Eigelb	
100 g Zucker	
abgeriebene Schale einer halben Zitrone	
1 Prise Salz	schaumig rühren. Mit den geriebenen Mandeln vermengen.
250 g Mehl	und
1 gestr. KL Backpulver	darübersieben. Alles zu einem glatten Teig verarbeiten. Diesen in Plastikfolie gehüllt 1 Stunde kaltstellen. Elektro-Ofen auf 180°, Umluft-Ofen auf 160° C, Gas-Ofen auf Stufe 3 – 4 vorheizen. Den Teig 5 mm dick auswallen. Mit dem gezackten Teigrädchen 3 × 3 cm große Quadrate schneiden. Auf zwei mit Backpapier ausgelegte Kuchenbleche legen.
1 Eiweiß	mit einer Gabel leicht verklopfen. Die Gutzi damit bepinseln. Mit einer Mandel belegen. 15 Minuten backen. Auf einem Gitter auskühlen lassen. In einer Weißblechdose aufbewahrt 3 – 4 Wochen haltbar.

Notizen:

24
26
28
25
27

25 Pfluume-Aprikose-Höckli

480 g Mehl	auf eine trockene Arbeitsfläche sieben. In die Mitte eine Mulde drücken.
280 g Butter	in Flöckchen zerteilt am Mehlrand entlangstreuen.
120 g Zucker	und
1 Prise Salz	darüberstreuen.
2 Vanilleschoten	der Länge nach aufschneiden. Die Kerne auskratzen und zum Teig geben.
4 Eigelb	in die Mehlmitte geben. Alles mit dem Teigschaber untereinandermengen. Mit kühlen Händen rasch zu einem Teig verarbeiten. In Klarsichtfolie 1 Stunde kaltstellen.
300 g getrocknete Pflaumen	(ohne Kerne) kleinschneiden und mit
8 EL Aprikosenkonfitüre	im Mixer zerkleinern. Elektro-Ofen auf 180°, Umluft-Ofen auf 160° C, Gas-Ofen auf Stufe 3 – 4 vorheizen. Den Teig auf einer trockenen, leicht bemehlten Arbeitsfläche 5 mm dick auswallen. Mit einem Glas (Durchmesser 5 cm) Plätzchen ausstechen. Die Hälfte davon auf zwei mit Backpapier ausgelegte Kuchenbleche legen. Mit der Fruchtmasse dünn bestreichen. In die zweite Hälfte der Plätzchen mit einem Fingerhut in der Mitte ein Loch ausstechen. Sie auf die anderen Plätzchen legen. Ränder gut zusammendrücken.
2 Eigelb	mit
2 KL Wasser	vermengen. Die Höckli damit bestreichen. 10 Minuten backen. Auf einem Gitter auskühlen lassen. In Weißblechdose 1 Monat haltbar.

26 Schoggi-Makrone

125 g Edelbitter-Schokolade fein reiben.

2 große oder 3 kleine Eiweiß zu schnittfestem Schnee schlagen. Dabei nach und nach

250 g Puderzucker dazusieben und unterrühren. Zuletzt die Schokolade beigeben.

Elektro-Ofen auf 150°, Umluft-Ofen auf 130° C, Gas-Ofen auf Stufe 3 vorheizen.
Zwei Kuchenbleche mit Backpapier belegen.
Mit einem Kaffeelöffel kleine Häufchen mit Abstand auf die Bleche setzen.
15 Minuten backen.
Auf einem Gitter auskühlen lassen.
In Weißblechdose 3 Wochen haltbar.

Übrigens:
Rezept zur Eiweißverwertung.

27 Vanille-Schümli

3 Eiweiß leicht schaumig schlagen.

1 Vanilleschote der Länge nach aufschneiden. Die ausgekratzten Kerne zum Eiweiß geben. Nach und nach

250 g Zucker dazugeben. So lange schlagen, bis die Masse schnittfest ist.

Elektro-Ofen auf 120°, Umluft-Ofen auf 100° C, Gas-Ofen auf Stufe 2 – 3 vorheizen.

Zwei Kuchenbleche mit Backpapier belegen, dieses mit Zucker bestreuen.

Mit einem Kaffeelöffel kleine Häufchen mit Abstand auf die Bleche setzen.

15 Minuten backen. Ofentüre mittels eines eingeklemmten Kochlöffels etwas offen lassen.

Auf einem Gitter auskühlen lassen.

In Weißblechdose 3 Wochen haltbar.

Übrigens:
Rezept zur Eiweißverwertung.

28 Schwarz-Wyß-Guetzli

Weißer Teig:

150 g Mehl	auf eine trockene Arbeitsfläche sieben. In der Mitte des Mehls eine Vertiefung machen.
1 Vanilleschote	der Länge nach aufschlitzen, die Kerne herauskratzen und zum Mehl geben.
50 g Zucker	
100 g Butter	in Flöckchen
1 Pr. Salz	
1/2 Eiweiß	in die Vertiefung geben. Mit dem Teigschaber, später mit den Händen zu einem glatten Teig kneten, in Plastikfolie 1 Stunde kühlstellen.

Schwarzer Teig:

150 g Mehl	
65 g Zucker	
100 g Butter	
1 Pr. Salz	
40 g Kakaopulver	
1 Eiweiß	Arbeitsvorgang siehe weißer Teig. Elektro-Ofen auf 175°, Umluft-Ofen auf 150° C, Gas-Ofen auf Stufe 2 – 3 vorheizen.

Teig formen:

Z. B. je ein möglichst gleich großes und mindestens 2 mm dickes Stück auswallen, beide aufeinanderlegen, zu einer Rolle formen, diese 1 Stunde kühlstellen, in 5 mm dicke Schnecken schneiden.
Oder – wiederum je möglichst gleich viel von jedem Teig zu Strängen von 1 cm Durchmesser rollen, diese schachbrettartig zusammenpressen, kühlstellen, in 5 mm dicke Stücke schneiden.
Oder – zum Geburtstag – von der einen Farbe größere, von der anderen kleinere Herzchen ausstechen, diese aufeinanderlegen.
Auf mit Backpapier belegte Kuchenbleche legen und – je nach Dicke – 12 – 15 Minuten backen.

Honiggebäck

29 Basler Läckerli
(Rezept ohne Ei)
30 Berner Läckerli
(Rezept ohne Ei)
31 Gwürzbrot
(Rezept ohne Ei)
32 Ingwer-Möndli
33 Chloschterläckerli
(Rezept zur Eigelbverwertung)
34 Läbchueche
(Rezept ohne Ei)

32
31
30
34
33

29 Basler Läckerli

400 g Bienenhonig	in einem großen Kochtopf aufkochen.
200 g Zucker	zugeben. 3 Minuten köcheln lassen. Nach und nach folgende Zutaten unterrühren:
200 g Mandeln	grob gehackt
80 g Orangeat	fein gehackt
80 g Zitronat	fein gehackt
15 g Zimt	
3 g Nelkenpulver	
1/2 Muskatnuß	gerieben
abgeriebene Schale einer Zitrone	
	Kochtopf vom Feuer nehmen. Masse etwas abkühlen lassen.
260 g Mehl	darübersieben. Zuerst im Kochtopf mit dem Kochlöffel, dann auf einer trockenen Arbeitsfläche von Hand gut durchkneten. Den Teig in eine Schüssel geben. Einen passenden, gut sitzenden Deckel bereithalten.
2 EL Kirschwasser	über den Teig gießen. Dieses anzünden, mittels des darübergelegten Deckels aber sofort wieder ablöschen. Den Teig nochmals durchkneten. In die Schüssel zurücklegen. Mit einem Tuch bedeckt 1 Stunde ruhen lassen. Elektro-Ofen auf 180°, Umluft-Ofen auf 160° C, Gas-Ofen auf Stufe 3 vorheizen. Zwei Kuchenbleche mittels eines Siebs gut mit Mehl bestäuben. Den Teig in zwei Teile zerschneiden, 4 mm dick auswallen, in 4 × 6 cm große Stücke schneiden. Diese dicht an dicht auf die Bleche legen.

20 Minuten backen.
Das an den Leckerli haftende Mehl abbürsten.

50 g Puderzucker sieben, mit
1/2 dl Wasser aufkochen. Die noch warmen Leckerli mit dieser Glasur bestreichen.

Über Nacht auf einem Gitter auskühlen und trocknen lassen.
Wie alle Honiggebäcke sind auch Leckerli relativ hart. Wer das gerne mag, legt sie nun in eine gut verschließbare Weißblechdose. Sie sind zwei bis drei Monate lang haltbar.
Wer weichere Leckerli vorzieht, läßt sie einige Tage an der Luft liegen, gibt sie dann in eine Weißblechdose, die einen entzweigeschnittenen Apfel enthält. Deckel nicht ganz schließen.

Übrigens ...
Leckerli backen ist eine aufwendige Arbeit. Bei uns zu Hause wurde daraus ein richtiges Fest gemacht. Ich durfte meine Schulkameraden einladen, die mit Feuereifer Nüsse zerkleinerten, Zitronenschale abrieben, Gewürze abwogen, Leckerli zuschnitten. Und erst die Aufregung wegen des brennenden Kirschwassers!
Mein Vater hatte eigene Bienen. Er stiftete uns jeweils ganze zwei Kilogramm Honig – aber der mußte unbedingt vom Vorjahr sein.

30 Berner Läckerli

350 g Bienenhonig
250 g Zucker
20 g Zimt
abgeriebene Schale von 2 Zitronen

in einer Pfanne warm werden lassen.

3 EL Kirschwasser

dazurühren.

450 g Ruchmehl (Typ 1050)

nach und nach darübersieben. Immer wieder vermengen.
Den Teig abkühlen lassen, dann auf eine trockene Arbeitsfläche geben und von Hand gut durchkneten.
Elektro-Ofen auf 180°, Umluft-Ofen auf 160° C, Gas-Ofen auf Stufe 3 vorheizen.
Den Teig in zwei Teile zerschneiden. Diese 5 mm dick auswallen, in Rechtecke von 3 × 4 cm schneiden. Mit etwas Abstand auf zwei mit Backpapier ausgelegte Kuchenbleche legen.
20 Minuten backen.

60 g Puderzucker

sieben und mit

3 EL Wasser

vermengen. Die Leckerli noch warm mit dieser Glasur bestreichen.
Auf einem Gitter auskühlen lassen.
In einer Weißblechdose aufbewahrt 4 Wochen haltbar.

Übrigens:
Rezept ohne Ei!

31 Gwürzbrot

500 g Bienenhonig	in einer Pfanne warm machen.
2 dl Wasser	und
400 g Zucker	beifügen. Alles aufkochen.
8 g Zimt *4 g Nelkenpulver* *4 g Ingwerpulver* *1 geriebene Muskatnuß* *abgeriebene Schale von zwei Zitronen*	dazugeben. Nochmals aufkochen. Abkühlen lassen.
250 g Haselnüsse	reiben. Dazugeben.
4 EL Rum oder Cognac	dazugeben.
300 g Ruchmehl (Typ 1050)	darübersieben. Zuerst mit dem Kochlöffel verrühren, dann auf einer trockenen Arbeitsfläche zu einem glatten Teig kneten. Elektro-Ofen auf 180°, Umluft-Ofen auf 160° C, Gas-Ofen auf Stufe 3 vorheizen. Den Teig in zwei gleich große Stücke teilen. Die Teigplatten auf zwei mit Backpapier ausgelegte Kuchenbleche geben. 20 Minuten backen. Noch warm in Stücke von 4 × 4 cm zerschneiden, dann mit
4 EL Bienenhonig	den man evtl. flüssig macht, bestreichen. Über Nacht auf einem Kuchengitter trocknen lassen. In Weißblechdosen aufbewahrt 8 Wochen haltbar. Dieses Gebäck ist relativ hart. Zieht man eine weichere Konsistenz vor, so läßt man es einige Tage an der Luft liegen, legt es dann in eine Dose, die einen entzweigeschnittenen Apfel enthält. Deckel nicht ganz schließen!

32 Ingwer-Möndli

100 g Butter	zimmerwarm,
100 g Zucker	
1 Prise Salz	und
1/2 EL Obst- oder Weißweinessig	miteinander schaumig rühren.
1 Ei	
3 g Zimt	
10 g Ingwerpulver	
1 Msp. Nelkenpulver	
160 g dunkle Melasse	dazugeben. Gut miteinander verrühren.
320 g Mehl	
1 gestr. KL Backpulver	darübersieben. Zu einem glatten Teig verarbeiten. In Plastikfolie 3 Stunden kaltstellen. Elektro-Ofen auf 180°, Umluft-Ofen auf 160° C, Gas-Ofen auf Stufe 3 – 4 vorheizen. Teig portionenweise auf einer trockenen, bemehlten Arbeitsfläche 5 mm dick auswallen. Monde mittels einer Ausstechform ausstechen. Auf zwei mit Backpapier belegte Bleche legen. 8 Minuten backen. Auf einem Gitter auskühlen lassen. Die Möndli sind sehr hart. Wer sie weicher wünscht, läßt sie einige Tage an der Luft stehen, füllt sie dann in eine Weißblechdose, in die man noch einen aufgeschnittenen Apfel legt.

Notizen:

33 Chloschterläckerli

(Klosterleckerli)

500 g Bienenhonig
115 g Zucker
1 KL Zimt
ganz wenig Muskatnuß warm aber nicht heiß werden lassen.

3 Eigelb
abgeriebene Schale einer Zitrone dazugeben.

500 g Ruchmehl (Typ 1050) darübersieben.

12 g Pottasche mit
1 EL Wasser auflösen. Zum Teig geben. Alles von Hand gut durchkneten. An einem warmen Ort mit einem feuchten Tuch bedeckt 2 Stunden aufgehen lassen. Über Nacht in den Keller stellen.

Elektro-Backofen auf 180°, Umluft-Backofen auf 160° C, Gas-Ofen auf Stufe 3 vorheizen.

Den Teig 1 cm dick auswallen. In rechteckige Stücke von 3 × 4 cm schneiden.

Mit Abstand auf zwei mit Backpapier ausgelegte Kuchenbleche legen.

12 Minuten goldbraun backen.

100 g Puderzucker sieben. Mit
2 EL Wasser vermengen.

Damit die Leckerli bestreichen, solange sie noch warm sind.

Auf einem Gitter auskühlen lassen.

In einer Weißblechdose aufbewahrt, sind diese Leckerli monatelang haltbar.

Übrigens:
Rezept zur Eigelbverwertung.

34 Läbchueche

(Lebkuchen)

250 g Bienenhonig	in einem Kochtopf schmelzen, aber nicht kochen lassen.
115 g Mandeln	grob reiben.
10 g Zimt	
4 g Nelkenpulver	
abgeriebene Schale einer Zitrone	
40 g Zitronat	fein gehackt
2 EL Kirschwasser	
175 g Zucker	
200 g Ruchmehl (Typ 1050)	dazumengen. Zuerst mit dem Kochlöffel rühren, dann den Teig auf eine trockene Arbeitsfläche geben und gut durchkneten. Elektro-Backofen auf 180°, Umluft-Backofen auf 160° C, Gas-Ofen auf Stufe 3 – 4 vorheizen. Den Teig 5 mm dick auswallen, mit einem Glas (5 cm Durchmesser) Plätzchen ausstechen. Diese auf zwei mit Backpapier ausgelegte Kuchenbleche legen.
50 g Mandeln	mit kochendem Wasser übergießen. 5 Minuten stehen lassen. Schälen. In jedes Plätzchen eine Mandel eindrücken. 12 Minuten backen.
*20 g Gummi arabicum**	auflösen mit
5 EL heißem Wasser	
	Die Lebkuchen, solange sie noch warm sind, damit bepinseln. Auf einem Gitter auskühlen lassen. Einige Tage offen aufbewahren, damit sie weich werden, dann in eine Weißblechdose legen. Deckel nicht hermetisch schließen. 2 – 3 Monate haltbar.

* Gibt dem Gebäck Glanz, kann durch Glasur ersetzt werden.

Weihnachtsguetzli I

35 Pfeffernüssli

250 g Zucker und
2 Eier miteinander vermengen und so lange rühren, bis sich der Zucker aufgelöst hat (10 – 15 Minuten) und sich Schaumbläschen bilden.

1 KL Zimt
1/4 KL Nelkenpulver (Piment)
50 g Zitronat fein geschnitten dazugeben.
350 g Mehl und
5 g Hirschhornsalz darübersieben.

Alles zu einem festen Teig kneten.
Zwei Kuchenbleche mit Backpapier auslegen.
Den Teig portionenweise zu 1 1/2 cm dicken Strängen auswallen, von denen man 1 1/2 cm breite Stückchen abschneidet, diese zu Kügelchen dreht und mit etwas Abstand auf die Bleche legt.
2 Stunden trocknen lassen.
Elektro-Ofen auf 175°, Umluft-Ofen auf 150° C, Gas-Ofen auf Stufe 2 – 3 vorheizen.
15 Minuten backen.

100 g Puderzucker sieben. Mit
2 EL Zitronensaft vermengen.

Damit die Nüssli bestreichen, solange sie noch warm sind.
Auf einem Gitter auskühlen lassen.
In einer Weißblechdose aufbewahrt 2 – 3 Wochen haltbar.

39
42
37
38
40
36
35

36/37 Änisbrötli/ Badener Chräbeli

(In Deutschland: Springerle)

Änisbrötli

3 Eier	mit einer Gabel verklopfen
300 g Puderzucker	dazusieben. Beides an einem warmen Ort mit dem Schneebesen während 40 Min. oder mit einer Küchenmaschine während 20 Min. schaumig rühren. Rührt man weniger lang, bekommen die Änisbrötli keine «Füßchen».
abgeriebene Schale einer Zitrone *1/2 EL Kirschwasser* *1 Msp. Hirschhornsalz*	beigeben
320 g Mehl	etwas vorwärmen, dann darübersieben.
2 EL Anissamen	darüberstreuen. Alles zu einem kompakten Teig verarbeiten. Den Teig 1 cm dick auswallen.

Holzmodel

zuerst in etwas Mehl drücken, dann auf dem Teig leicht eindrücken.
Kanten möglichst exakt abschneiden. Mehl wegpinseln.
Die Änisbrötli auf ein mit Backpapier ausgelegtes Kuchenblech legen.
Über Nacht an einem ca. 18° C warmen Ort trocknen lassen.
Elektro-Ofen auf 150°, Umluft-Ofen auf 130°, Gas-Ofen auf Stufe 2 vorheizen.
Blech in der unteren Hälfte des Backofens einschieben.
20 Min. backen.
Das Gebäck muß oben weißlich-gelb sein.

Badener Chräbeli

macht man mit demselben Teig, aus dem man fingerdicke Rollen formt. Diese werden mit Schrägschnitten in 5 cm lange Stücke getrennt, die man auf einer Seite 2–3mal schräg einschneidet. Leicht gebogen auf zwei mit Backpapier ausgelegte Kuchenbleche legen. Backen siehe oben.
Änisbrötli und Chräbeli sind, in einer Weißblechdose aufbewahrt, 2–3 Monate lang haltbar.

38 Pomeranzebrötli

2 Eier *170 g Zucker* *abgeriebene Schale einer Zitrone*	schaumig rühren.
80 g Orangeat *240 g Mehl*	fein gehackt dazugeben. Nach und nach dazusieben. Zuerst mit dem Kochlöffel verrühren, dann von Hand durchkneten. Es muß ein glatter Teig entstehen. Elektro-Ofen auf 175°, Umluft-Ofen auf 150° C, Gas-Ofen auf Stufe 2 – 3 vorheizen. Den Teig gut 1 cm dick auswallen, in 5 × 1 cm große Streifen schneiden. Diese mit 1/2 cm Abstand auf zwei mit Backpapier ausgelegte Kuchenbleche legen. 15 Minuten backen.
50 g Puderzucker *1 EL Orangensaft*	sieben. Mit vermengen. Damit die Brötchen bestreichen, solange sie noch warm sind. Auf einem Gitter auskühlen lassen. In einer Weißblechdose aufbewahrt 2 – 3 Wochen haltbar.

Notizen:

39 Pragerli

380 g Butter	zimmerwarm, mit
120 g Zucker	
2 Eiern	
2 Eigelb	schaumig rühren.
500 g Mehl	und
2 gestr. KL Backpulver	darübersieben. Zuerst mit dem Kochlöffel, dann von Hand zu einem glatten Teig verarbeiten. Elektro-Ofen auf 180°, Umluft-Ofen auf 160° C, Gas-Ofen auf Stufe 3 – 4 vorheizen. Teig auf einer trockenen, bemehlten Arbeitsfläche 5 mm dick auswallen. Mit einem Glas (3 1/2 cm Durchmesser) Plätzchen ausstechen, auf zwei mit Backpapier belegte Kuchenbleche legen.
120 g Zucker	mit
2 Eiweiß	schnittfest steif schlagen. Auf jedes Plätzchen 1 KL voll dieses Gemisches geben. 18 Minuten backen. Auf einem Gitter auskühlen lassen. In einer Weißblechdose aufbewahrt 4 Wochen haltbar.

Notizen:

40 Schwobebrötli

115 g Mandeln mit kochendem Wasser übergießen, einige Minuten stehen lassen, schälen. Auf ein Backblech schütten. Ofen auf 100° C einstellen. Die Mandeln 15 Minuten trocknen lassen. Einige Male aufschütteln.
Die Mandeln zwei- bis dreimal durch die Mühle treiben.

185 g Zucker
5 g Zimt
1 Ei
185 g weiche Butter dazurühren.
310 g Mehl darübersieben.

Den Teig von Hand gut durchkneten. Mit Plastikfolie bedeckt 1/2 Stunde kühlstellen.
Elektro-Ofen auf 180°, Umluft-Ofen auf 160° C, Gas-Ofen auf Stufe 3 vorheizen.
Zwei Kuchenbleche mit Backpapier belegen.
Den Teig 1 cm dick auswallen. Ihn entweder in rechteckige Schnittchen (2 × 4 cm) schneiden oder mittels Ausstechförmchen ausstechen. Mit etwas Abstand auf die Bleche legen. Mit

1 Eigelb bestreichen.

15 Minuten backen.
Auf einem Gitter auskühlen lassen.
In einer Weißblechdose aufbewahrt 3 – 4 Wochen haltbar.

Notizen:

41 Cheschteneblätzli

(Kastanienplätzchen)

400 g Kastanien, getrocknet über Nacht einweichen. Einweichwasser abschütten. In frischem, kaltem Wasser aufsetzen, gut weichkochen (dauert ca. 1 Stunde, je älter die Kastanien sind, desto länger ist die Kochzeit).
Kochwasser abschütten. Die Kastanien von den Häutchen befreien. Mit einer Gabel – noch besser mit dem Stabmixer – ganz gut zerkleinern.
200 g davon in eine Schüssel geben. (Der Rest ergibt mit etwas Honig und Schlagrahm vermischt ein feines Dessert für ein Schleckmaul).

80 g Haselnüsse reiben. Dazugeben.
120 g Mehl darübersieben.
120 g Butter in Flöckchen darüberstreuen.
100 g Zucker
2 Eigelb
1 EL Kirschwasser beigeben. Alles zuerst mit dem Kochlöffel, dann von Hand gut verkneten. Falls der Teig noch nicht zusammenhält (weil die Eigelb zu klein waren), noch portionenweise
etwas Eiweiß beifügen. Teig in Plastikfolie gehüllt 1 Stunde kühlstellen.

Elektro-Ofen auf 200°, Umluft-Ofen auf 180° C, Gas-Ofen auf Stufe 3 – 4 vorheizen.
Den Teig 5 mm dick auswallen. Mit einem Glas von 5 cm Durchmesser Plätzchen ausstechen. Auf ein mit Backpapier belegtes Kuchenblech legen.
20 Minuten backen.
Auf einem Gitter auskühlen lassen.
In Weißblechdose aufbewahrt 1 Woche haltbar. Kastanien schimmeln rasch.
Tiefgekühlt 3 Monate haltbar.

42 Vanillegipfeli

300 g Butter	zimmerwarm mit
100 g Zucker	in eine Schüssel geben.
2 Vanilleschoten	der Länge nach aufschneiden. Die Kerne auskratzen, beigeben.
abgeriebene Schale einer halben Zitrone	
2 Eier	beigeben. Alles schaumig rühren.
150 g Haselnüsse	mahlen, beigeben.
400 g Mehl	darübersieben. Alles zuerst mit dem Kochlöffel, dann von Hand zu einem glatten Teig verarbeiten. In eine Plastikfolie gehüllt 1 Stunde kaltstellen. Elektro-Ofen auf 180°, Umluft-Ofen auf 160° C, Gas-Ofen auf Stufe 3 – 4 vorheizen. Vom Teig walnußgroße Stücke abschneiden und diese zu einer Rolle formen, zu Gipfeli biegen. Auf zwei mit Backpapier ausgelegte Kuchenbleche legen. 15 Minuten backen. Auf ein Kuchengitter legen und noch warm mit
50 g Puderzucker	bestreuen. Auskühlen lassen. In einer Weißblechdose aufbewahrt 4 Wochen haltbar. Tiefgekühlt 3 – 4 Monate haltbar.

Notizen:

Weihnachtsguetzli II

43 Berliner Brot
44 Brunsli
(Rezept zur Eiweißverwertung, Guetzli ohne Mehl)
45 Mailänderli
46 Schpitzbuebe
47 Zimmetschtärne
(Rezept zur Eiweißverwertung, Guetzli ohne Mehl)

47
44
45
46
43

43 Berliner Brot

250 g Mandeln	mit kochendem Wasser übergießen, 5 Minuten stehenlassen, schälen, mahlen oder hacken.
250 g Zucker	
3 Eier	
35 g Schokolade	gerieben
5 g Zimt	
1 Msp. Nelkenpulver	beigeben.
250 g Mehl	und
10 g Backpulver	miteinander vermengen, darübersieben. Zuerst mit einem Kochlöffel, dann von Hand zu einem glatten Teig kneten, in Plastikfolie gewickelt 1 Stunde kühlstellen. Den Teig in vier Teile teilen, diese ausrollen und dann so flachdrücken, daß sie 3 – 4 cm breit und 2 cm hoch sind. Mit
1 Eigelb	bestreichen. Elektro-Ofen auf 180°, Umluft-Ofen auf 160° C, Gas-Ofen auf Stufe 3 – 4 vorheizen. 20 Minuten backen. Die Stangen werden, solange sie noch heiß sind, in 1 cm breite Streifen geschnitten. Diese trocknet man bei 150°, resp. 130° C, resp. auf Stufe 3 auf jeder Seite 4 Minuten. Auf einem Gitter auskühlen lassen. In einer Weißblechdose aufbewahrt 3 Wochen haltbar.

Notizen:

44 Brunsli

4 Eiweiß	in einer Schüssel mit einer Gabel leicht schlagen.
1 EL Kirschwasser oder Wasser *1/2 KL Zimt* *1/4 KL Nelkenpulver*	dazugeben.
500 g Mandeln	mit der Schale reiben (sie sollen nicht regelmäßig gerieben sein).
100 g Blockschokolade (also ungezuckerte Kochschokolade)	fein reiben und
350 g Zucker	dazugeben.

Alles von Hand rasch zu einem Teig kneten.
Eventuell noch etwas Zucker beigeben.
Mit einem Teller bedeckt 1 Stunde kaltstellen.
Elektro-Ofen auf 125°, Umluft-Ofen auf 100° C, Gas-Ofen auf Stufe 1 vorheizen.
Zwei Kuchenbleche mit Backpapier belegen.
Den Teig auf Zucker gut 1 cm dick auswallen.
Mit einem immer wieder in Zucker getauchten Förmchen ausstechen.
Mit der Zuckerseite nach oben auf das Blech legen.
15 Minuten backen. Die Brunsli müssen in der Mitte noch weich sein.
Auf einem Gitter auskühlen lassen.
In einer Weißblechdose aufbewahrt sind Brunsli 4 Wochen haltbar.

Übrigens:
Rezept zur Eiweißverwertung, Guetzli ohne Mehl!

45 Mailänderli

125 g Butter	zimmerwarm schaumig rühren. Nach und nach
125 g Zucker *1 Ei* *1 Eigelb* *1 Prise Salz* *Saft und Schale einer halben Zitrone*	untermengen.
1/2 Vanilleschote	der Länge nach aufschneiden. Die ausgekratzten Kerne zum Teig geben.
250 g Mehl	und
1 gestr. KL Backpulver	darübersieben. Zu einem glatten Teig verarbeiten. In Plastikfolie gehüllt 1 Stunde kühlstellen. Elektro-Ofen auf 180°, Umluft-Ofen auf 160° C, Gas-Ofen auf Stufe 3 vorheizen. Den Teig auf einer leicht bemehlten trockenen Arbeitsfläche 5 mm dick (nicht dünner!) auswallen. Mit Ausstechformen Guetzli ausstechen. Diese auf zwei mit Backpapier ausgelegte Kuchenbleche legen. Mit
2 Eigelb	zweimal bepinseln. 10 Minuten backen. Auf einem Gitter auskühlen lassen. In einer Weißblechdose 3 – 4 Wochen haltbar. Können problemlos 2 – 3 Monate lang tiefgekühlt werden.

Notizen:

46 Schpitzbuebe

(Spitzbuben)

250 g Mehl	in eine Schüssel sieben.
125 g Butter	zimmerwarm, dazugeben. Mit dem Mehl zu einer krümeligen Masse verreiben.
1 Vanilleschote	der Länge nach aufschneiden, auskratzen, die Kerne zum Teig geben.
abgeriebene Schale einer Zitrone *1 Ei* *1 Prise Salz* *75 g Zucker* *1 Prise Backpulver*	dazugeben. Alles möglichst rasch zu einem glatten Teig verarbeiten. Diesen in eine Plastikfolie wickeln und 1 Stunde kaltstellen. Elektro-Ofen auf 180°, Umluft-Ofen auf 160° C, Gas-Ofen auf Stufe 2 – 3 vorheizen. Den Teig ca. 2 mm dick auswallen. Mit einem Glas (Durchmesser 4 cm) Plätzchen ausstechen. In der Hälfte der Plätzchen mittels eines Apfel-Ausstechers ein Loch stanzen. Alle Plätzchen auf zwei mit Backpapier belegte Kuchenbleche legen. 15 Minuten backen.
150 g rote Konfitüre	warm machen. Mittels eines Pinsels auf die ungelochten Plätzchen streichen.
30 g Puderzucker	über die gelochten Plätzchen sieben. Diese auf die Konfitüren-Plätzchen legen. Auf einem Gitter auskühlen lassen. In Weißblechdosen 4 Wochen haltbar. Tiefgekühlt 3 Monate haltbar.

Notizen:

47 Zimmetschtärne

(Zimtsterne)

300 g Mandeln oder Haselnüsse	
10 bittere Mandeln	mahlen.
250 g Puderzucker	sieben.
3 Eiweiß	zu steifem Schnee schlagen. Den Zucker eßlöffelweise beigeben. Die Masse muß schnittfest sein. 4 Eßlöffel davon für die Glasur beiseite stellen.
1 Vanilleschote	der Länge nach aufschneiden. Die Kerne zum Zucker-Eiweiß-Gemisch für den Guetzliteig geben.
10 g Zimt	beigeben. Nach und nach die gemahlenen Nüsse untermengen, bis ein fester, auswallfähiger Teig entstanden ist.
80 g Mandeln oder Haselnüsse	mahlen, auf eine trockene Arbeitsfläche streuen.

Elektro-Ofen auf 120°, Umluft-Ofen auf 100° C, Gas-Ofen auf Stufe 1 – 2 vorheizen.
Den Teig auf den Nüssen 5 mm dick auswallen.
Mit Ausstechformen Sterne ausstechen.
Diese auf zwei mit Backpapier ausgelegte Kuchenbleche legen. Dick mit der Eiweißglasur bestreichen.
Im unteren Drittel des Ofens 35 Minuten backen.
Auf einem Gitter auskühlen lassen.
In einer Weißblechdose aufbewahrt 3 – 4 Wochen haltbar.

Übrigens:
Rezept zur Eiweißverwertung. Guetzli ohne Mehl.

Geheimrezepte

48 Ananas-Plätzli

100 g Butter	zimmerwarm
100 g Honig	flüssig
2 Eier	
1 Prise Salz	
1 KL Anis	gemahlen
abgeriebene Schale einer Zitrone	miteinander vermengen und schaumig rühren.
100 g Mandeln	mahlen, beigeben.
270 g Mehl	darübersieben. Mit den Händen zu einem glatten Teig verarbeiten. Elektro-Ofen auf 160°, Umluft-Ofen auf 140° C, Gas-Ofen auf Stufe 3 vorheizen.
100 g getrocknete Ananas	mit
2 EL Wasser	im Mixer zerkleinern. Zum Teig geben. Durchkneten. 5 mm dick auswallen, mit einem Glas (Durchmesser 3 cm) Plätzchen ausstechen, diese auf zwei mit Backpapier ausgelegte Kuchenbleche legen.
2 Eiweiß	mit einer Gabel verklopfen. Damit die Plätzchen bestreichen. 15 Minuten backen. Auf einem Gitter auskühlen lassen. In einer Weißblechdose aufbewahrt 4 Wochen haltbar.

48
50
49
52
53

49 Ankebögli

170 g Butter	zimmerwarm. Schaumig rühren.
3 Eigelb	dazugeben.
85 g Puderzucker	darübersieben. Verrühren.
230 g Mehl	darübersieben. Alles zu einem glatten Teig kneten. Diesen zu einer Kugel formen, in eine Plastikfolie hüllen. 1 Stunde kaltstellen. Elektro-Ofen auf 180°, Umluft-Ofen auf 160° C, Gas-Ofen auf Stufe 3 – 4 vorheizen. Die Teigkugel vierteln. Jeden Teil auf einer leicht bemehlten trockenen Arbeitsfläche zu einer etwa 1 cm dicken Rolle auswallen. Davon 8 cm lange Stücke abschneiden. Diese zu einem V gebogen auf zwei mit Backpapier belegte Kuchenbleche legen. 15 Minuten backen. Noch warm bestäuben mit
20 g Puderzucker	den man über die Gutzi siebt. Auf einem Gitter auskühlen lassen. In einer Weißblechdose 3 – 4 Wochen haltbar. Können problemlos 2 – 3 Monate lang tiefgekühlt werden.

Übrigens:
Rezept zur Eigelbverwertung.

50 Grassins

200 g Butter zimmerwarm. Schaumig rühren.
125 g Zucker
1 Eigelb dazugeben. Nach und nach
300 g Mehl
1 gestr. KL Backpulver
1 Prise Salz darübersieben. Schnell zu einem glatten Teig verarbeiten. In Plastikfolie gehüllt 1 Stunde kaltstellen.

Elektro-Ofen auf 180°, Umluft-Ofen auf 160° C, Gas-Ofen auf Stufe 3 – 4 vorheizen.

Den Teig 5 mm dick auswallen. Mit einem Glas von 5 cm Durchmesser Plätzchen ausstechen. Auf zwei mit Backpapier ausgelegte Kuchenbleche legen.

15 Minuten backen.

Auskühlen lassen.

In einer Weißblechdose 3 – 4 Wochen haltbar.

Können problemlos 2 – 3 Monate lang tiefgekühlt werden.

Notizen:

51 Hagebutte-Müüsli

(Hagenbutten-Mäuschen)

4 Eiweiß	in eine Schüssel geben. Zu steifem Schnee schlagen. Dabei nach und nach
400 g Zucker	beigeben.
500 g Mandeln	fein mahlen.
4 EL Hagebuttenkonfitüre	und die Mandeln sorgfältig unter den Eischnee heben. Mit zwei Kaffeelöffeln längliche Häufchen (Mäuschen) auf zwei mit Backpapier ausgelegte Kuchenbleche legen.
100 g Mandeln	der Länge nach in zwei Teile schneiden, als Öhrchen in die Müüsli stecken. Über Nacht trocknen lassen. Elektro-Ofen auf 180°, Umluft-Ofen auf 160° C, Gas-Ofen auf Stufe 3 – 4 vorheizen. 15 Minuten backen. Auf einem Gitter auskühlen lassen. In einer Weißblechdose aufbewahrt 3 – 4 Wochen haltbar.

Übrigens:
Rezept zur Eiweißverwertung.

52 Mohnchränzli

400 g Butter	zimmerwarm in eine Schüssel geben.
200 g Puderzucker	darübersieben.
1 Vanilleschote	der Länge nach aufschlitzen. Die Kerne auskratzen und beigeben.
1 Prise Salz	
2 Eier	beigeben. Alles schaumig rühren.
400 g Mehl	und
200 g Speisestärke	
(Maizena oder Mondamin)	darübersieben.
	Alles zu einem glatten Teig verarbeiten. Eventuell 1 – 2 EL Milch dazugeben. Portionenweise mit einem Spritzsack Kränzchen von 5 cm Durchmesser auf zwei mit Backpapier ausgelegte Kuchenbleche spritzen. 5 pro Reihe. 30 Minuten trocknen lassen. Elektro-Ofen auf 200°, Umluft-Ofen auf 180° C, Gas-Ofen auf Stufe 4 vorheizen.
1 Eiweiß	steif schlagen. Nach und nach
50 g Zucker	beigeben.
50 g Mohnsamen	sorgfältig darunterziehen.
	Diese Mischung mittels eines Kaffeelöffels in die Mitte der Kränzli geben. 8 Minuten backen. Auf einem Gitter auskühlen lassen. In einer Weißblechdose aufbewahrt 4 Wochen haltbar.

Notizen:

53 Zuckerbrötli

85 g Butter	zimmerwarm. Schaumig rühren.
2 Eier	beigeben.
175 g Puderzucker	darübersieben. Alles luftig rühren.
abgeriebene Schale einer Zitrone	
2 EL Grappa oder Cognac	
5 g Zimt	beigeben.
250 g Mehl	darübersieben. Alles zu einem glatten Teig verarbeiten. Diesen mit einer Plastikfolie bedeckt 1 Stunde kühlstellen.

Elektro-Ofen auf 180°, Umluft-Ofen auf 160° C, Gas-Ofen auf Stufe 3 – 4 vorheizen.
Den Teig mittels zwei Kaffeelöffeln in Häufchen auf zwei mit Backpapier ausgelegte Kuchenbleche legen. 5 cm Abstand dazwischen lassen.
15 Minuten backen.
Auf einem Gitter auskühlen lassen.
In einer Weißblechdose aufbewahrt 3 – 4 Wochen haltbar.

Notizen:

Für Schleckmäuler

54 Geleebonbons
55 Fruchtpäschtli
56 Margaretes Magebrot
57 Mokkatruffes
58 Ananasmöckli
59 Walnußpralinees
60 Rumtoffees
61 Honigtoffees
62 Zuckermandle
63 Nidelzeltli

54 Geleebonbons

2 1/2 dl Fruchtsaft	und
50 g Zucker	oder
1 1/2 dl Sirup	und
1 dl Wasser	in einem Pfännchen erwärmen.
2 Päckchen Gelatinepulver	und
5 g Zitronensäure	dazurühren. Erwärmen, bis sich alles aufgelöst hat (nicht kochen!).

In eine rechteckige Form 1 – 1 1/2 cm hoch auffüllen. Kaltstellen. In Rauten oder Dreiecke oder Vierecke schneiden. In Papiertütchen abgefüllt servieren.
Im Kühlschrank aufbewahrt 2 Wochen haltbar.

Grüne Geleebonbons macht man mit Pfefferminzsirup.

Notizen:

58
63
60
62
57
54
58
59
55
55
54

55 Fruchtpäschtli

(Fruchtpästchen)

So wie die sparsamen Hausfrauen vom Abfall des Quittengelees Quittenbrot machten, so kann man mit beliebigen Früchten und Beeren vorgehen:

Das Obstmark herstellen, indem man die Früchte mit möglichst wenig Wasser zu einem Brei kocht. Abwägen.

500 g Obstmark mit
500 g Zucker und
2 Päckchen Geliermittel
5 g Zitronensäure vermengen. Zum Kochen bringen.

Sprudelnd höchstens 6 Minuten kochen. In eine mit Zucker bestreute flache Form 1 – 1 1/2 cm hoch füllen. Während einiger Tage trocknen lassen.
Mit Ausstechförmchen ausstechen oder in Rauten, Dreiecke oder Vierecke schneiden.
Lagenweise in eine Weißblechdose füllen.
Backpapier dazwischenlegen.
Im Kühlschrank 1 Monat haltbar.

Notizen:

56 Margaretes Magebrot

100 g Mandeln	zweimal durch die Mühle treiben.
5 Eigelb	
200 g Zucker	
1 EL Kakao	
8 g Zimt	
8 g Nelkenpulver	
50 g Orangeat	fein gehackt
50 g Zitronat	fein gehackt beigeben.
100 g Mehl	
1 gestr. KL Backpulver	darübersieben. Alles gut verrühren.
1 Prise Salz	Elektro-Ofen auf 180°, Umluft-Ofen auf 160° C, Gas-Ofen auf Stufe 3 – 4 vorheizen.
5 Eiweiß	zu steifem Schnee schlagen. Unter den Teig heben. Den Teig auf zwei mit Butter dick eingefettete Kuchenbleche schütten. Die obere Hälfte des Blechrandes sollte frei bleiben, da der Teig noch aufgeht. 20 Minuten backen. Auf dem Blech abkühlen lassen. In viereckige Würfel (3 × 3 cm) schneiden. Über Nacht stehen lassen.
900 g Couverture (oder Blockschokolade)	in ein Pfännchen bröckeln. Im Wasserbad schmelzen. Nicht rühren. Die Würfel mittels einer Gabel (am besten eignet sich eine Fondue-Gabel) in die Schokolade tauchen. Trocknen lassen. In einem Einmachglas aufbewahren.

Notizen:

57 Mokkatruffes

200 g Blockschokolade dunkle Qualität, in kleine Stücke brechen.

1 dl Rahm in einem Pfännchen mit gutsitzendem Deckel aufkochen. Vom Herd nehmen, die Schokolade dazugeben. Zudecken. Warten, bis die Schokolade geschmolzen ist.

1 EL Instant-Kaffee
2 EL Cognac dazurühren. Mit dem Schneebesen gut durchrühren.

In einen Spritzsack füllen. Papier-Pralinentütchen füllen. Einen Pinienkern als Garnitur darauflegen.

Im Kühlschrank aufbewahrt 2 Wochen haltbar.

Notizen:

58 Ananasmöckli

100 g Edelbitter-Schokolade in ein Pfännchen bröckeln. Dieses in ein Wasserbad stellen. Schokolade schmelzen. Möglichst nicht umrühren. (Nicht heiß werden lassen!)

100 g kandierte Ananas stückweise auf eine Fondue-Gabel spießen. Zur Hälfte in die geschmolzene Schokolade tauchen.

Auf einem Teller auskühlen lassen.

In einer Weißblechdose aufbewahrt 1 Monat haltbar.

Dasselbe kann man mit Datteln oder Streifen getrockneter Bananen machen, die man in weiße Schokolade taucht.

Notizen:

59 Walnußpralinees

100 g halbe Walnußkerne	zusammenkleben mit
50 g Marzipan	(Rezept siehe Seite 48), von dem man fingerbeergroße Stückchen zu Kugeln dreht.

Notizen:

60 Rumtoffees

150 g Zucker in eine Bratpfanne geben.

40 g Butter
3 KL Rum
3 KL Weißweinessig dazugeben. Langsam erhitzen.

Rühren, bis sich der Zucker aufgelöst hat.
Dann, ohne weiter zu rühren, aufkochen, köcheln lassen, bis die Masse haselnußbraun ist.
Probe: ein in kaltes Wasser gefallener Tropfen dieser Masse muß ein Kügelchen bilden.
Die Masse in einen gut vorgewärmten Krug geben und möglichst rasch in Pralinenkapseln abfüllen.
Auskühlen lassen.
In einem Einmachglas aufbewahren.
3 – 4 Wochen haltbar.

Notizen:

61 Honigtoffees

50 g Butter	in einem Kochtopf auf kleiner Flamme schmelzen (nicht heiß werden lassen!).
50 g Puderzucker	dazusieben.
50 g Edelbitter-Schokolade	in Stücke brechen. Beigeben.
50 g Honig	beigeben.

Mit dem Schneebesen ununterbrochen rühren. Die Masse soll warm, aber nicht heiß werden.

Nach 10 Minuten einen Tropfen in kaltes Wasser fallen lassen. Wenn dieser zwischen den Fingern nicht mehr klebt, schüttet man die Masse auf einen gut ausgebutterten Weißblechdosendeckel (ca. 10 × 10 cm). Man kann auch aus Alufolie eine entsprechende Form mit etwa 2 cm hohem Rand falten.

3 Stunden erstarren lassen.

In Würfel von 1 1/2 × 1 1/2 cm schneiden.

In Cellophanpapier einwickeln.

Notizen:

62 Zuckermandle

100 g Zucker *2 dl Wasser*	in einer Bratpfanne mit vermengen. Auf schwachem Feuer so lange kochen, bis die Masse am hochgehobenen Kochlöffel Fäden zieht.
200 g Mandeln	beigeben. Weiter köcheln, bis der Zucker brüchig wird.
3 KL Rosenwasser	darüberträufeln. Rühren, bis der Zucker völlig an den Mandeln klebt. Auf einer kalten Platte trocknen lassen.

Notizen:

63 Nidelzeltli

185 g Zucker
5 dl Rahm

und
in einen Kochtopf geben und unter ständigem Rühren auf kleinem Feuer so lange kochen, bis die Masse hellbraun ist. Dauert ca. 1 Stunde!
Eine rechteckige Auflaufform oder einen Gutzidosendeckel von ca. 20 × 20 cm gut ausbuttern.
(Man kann auch aus Alufolie auf einem Kuchenblech eine solche Form falten. Der Rand sollte etwa 1 1/2 cm hoch sein.)
Die Masse daraufgießen.
Noch warm in viereckige Plätzchen von 2 × 2 cm schneiden.
In einem Einmachglas aufbewahren.

Notizen: